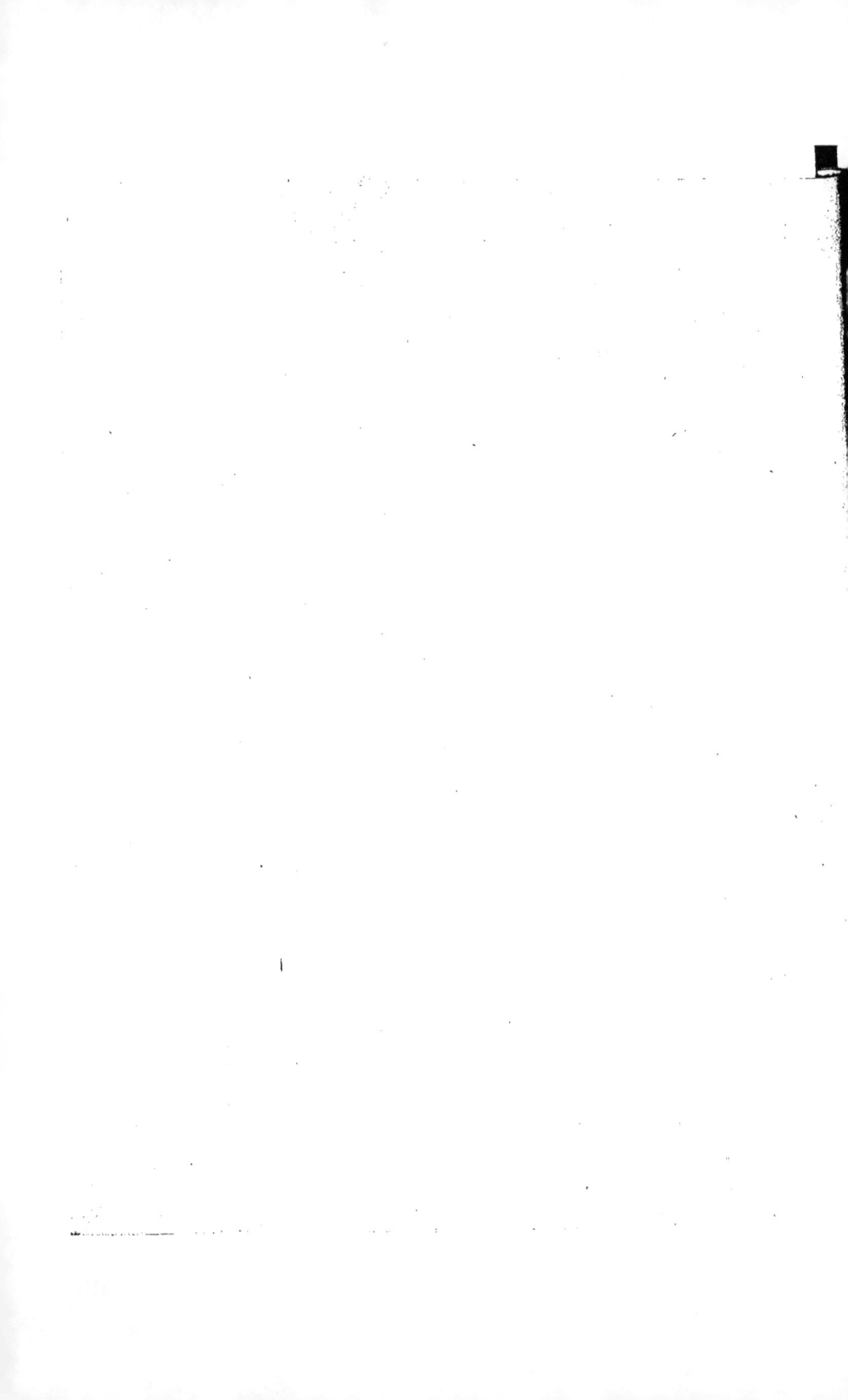

CHAMBRE DE COMMERCE DE MONTPELLIER

RAPPORT

ADRESSÉ

A M. LE MINISTRE DE L'AGRICULTURE ET DU COMMERCE

SUR LES

TRAVAUX DE LA CHAMBRE DE COMMERCE

DE MONTPELLIER

Ainsi que sur la situation commerciale et industrielle de sa circonscription

pendant l'année 1872

MONTPELLIER

IMPRIMERIE CENTRALE DU MIDI. — RICATEAU, HAMELIN ET C*

1873

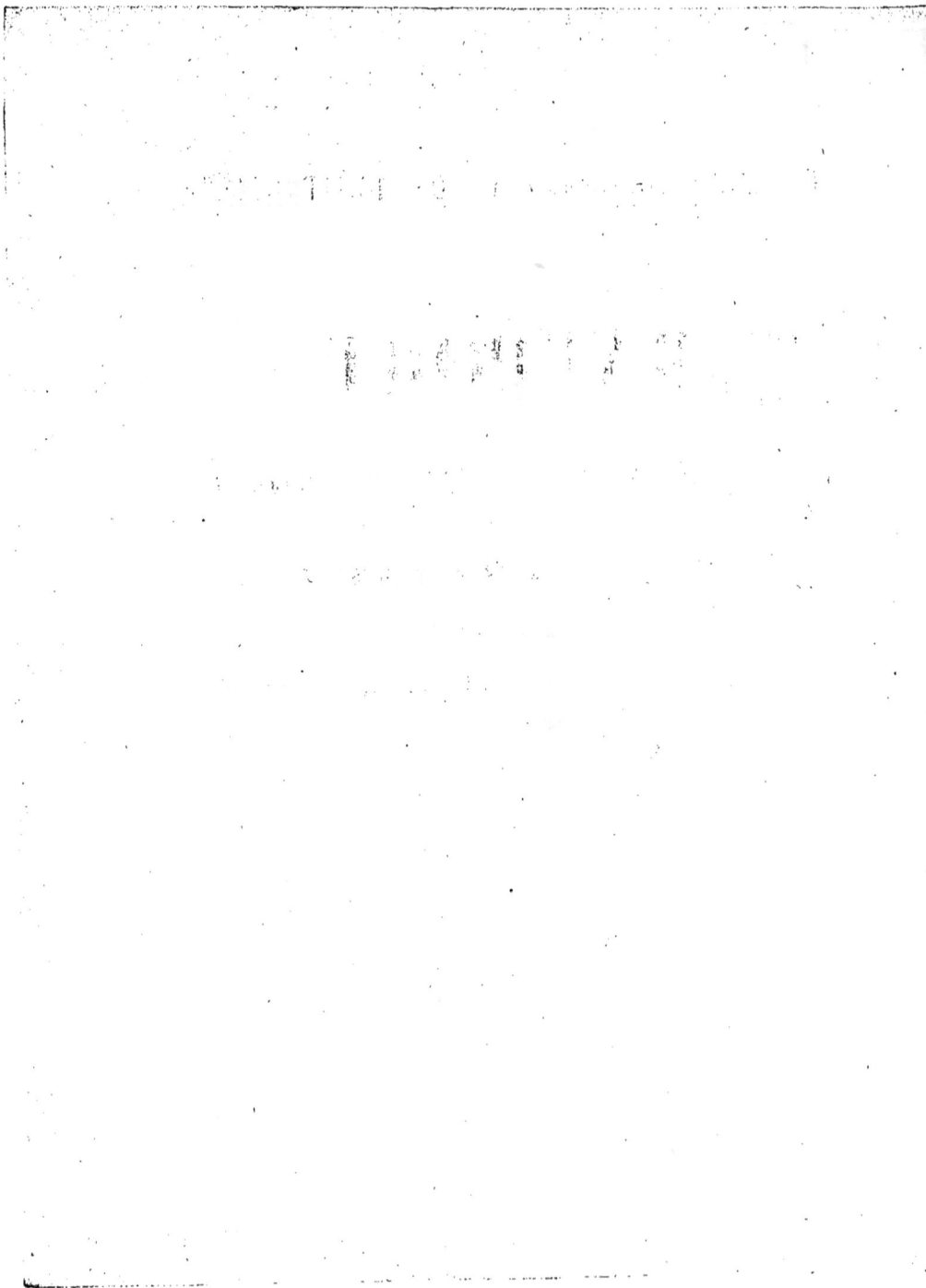

CHAMBRE DE COMMERCE DE MONTPELLIER

RAPPORT

ADRESSÉ

A M. LE MINISTRE DE L'AGRICULTURE ET DU COMMERCE

SUR LES

TRAVAUX DE LA CHAMBRE DE COMMERCE

DE MONTPELLIER

Ainsi que sur la situation commerciale et industrielle de sa circonscription

pendant l'année 1872

MONTPELLIER

IMPRIMERIE CENTRALE DU MIDI. — RICATEAU, HAMELIN ET Cᵉ

1873

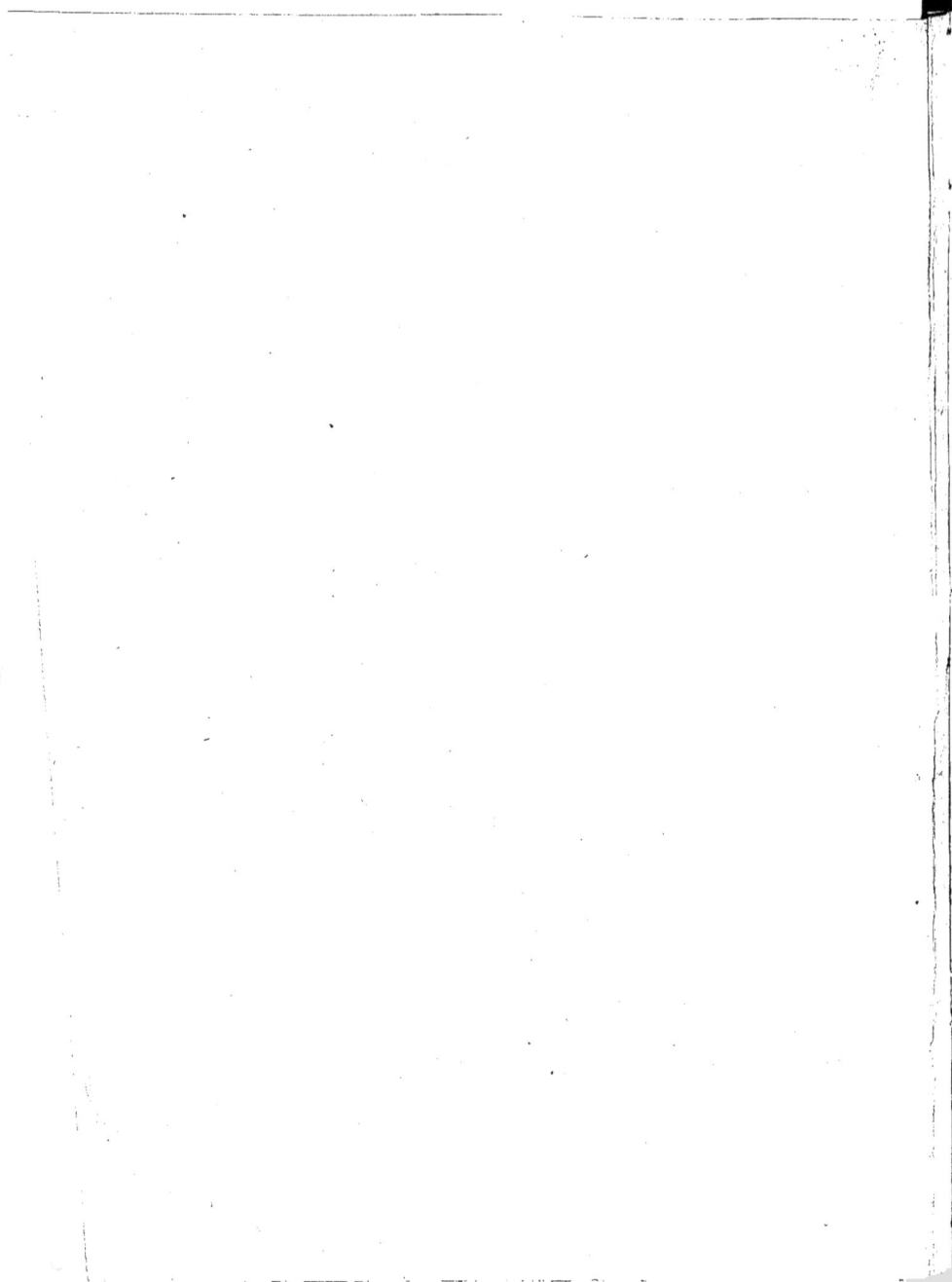

Chambre de Commerce de Montpellier

RAPPORT

ADRESSÉ

A M. LE MINISTRE DE L'AGRICULTURE ET DU COMMERCE

SUR LES

TRAVAUX DE LA CHAMBRE DE COMMERCE

DE MONTPELLIER

Ainsi que sur la situation commerciale et industrielle de sa circonscription
pendant l'année 1872

MONSIEUR LE MINISTRE,

La Chambre de commerce de Montpellier a l'honneur de vous envoyer un
compte rendu succinct des travaux qui l'ont occupée pendant l'année 1872, auquel
elle a, suivant le désir qui lui en a été exprimé, ajouté quelques renseignements sur l'importance du mouvement industriel et commercial qui s'est, pendant la même année, produit dans sa circonscription. Elle n'a cependant pas été
sans rencontrer quelques difficultés pour accomplir cette dernière partie de sa
tâche, cette circonscription, qui s'était étendue jusque-là au département de
l'Hérault tout entier, ayant été fractionnée, pendant le second semestre de 1872,
par la création d'une Chambre de commerce à Cette; et il n'y aura, dès lors,
pas lieu de s'étonner si quelques parties de ce Rapport font un double emploi
avec celui que vous aurez reçu de celle-ci.

Voies de transport et Chemins de fer

Les questions de transport, et surtout celles qui concernent les Chemins de fer, ont été, pendant l'année 1872, comme elles l'avaient été l'année précédente, l'objet le plus spécial des préoccupations et des travaux de la Chambre. Il n'est, en effet, aucune de ses séances dont la majeure partie n'ait été consacrée à la recherche de solutions pour des difficultés qui ne cessaient de se reproduire : encombrement des gares, stationnement prolongé à leurs abords, et jusqu'à de grandes distances, de nombreuses charrettes attendant le moment d'être déchargées, retards dans les départs et les arrivages, irrégularité constante dans la circulation des trains de voyageurs; aucune entrave au mouvement normal des transports n'a été épargnée au département de l'Hérault, surtout par la Compagnie des chemins de fer de Paris-Lyon-Méditerranée. Les difficultés locales et de peu d'importance ont été résolues, autant qu'elles pouvaient l'être, par des relations bienveillantes entre la Chambre et les représentants de cette Compagnie; mais elle a dû se préoccuper du retour périodique des mêmes encombrements, qui se sont constamment produits depuis un grand nombre d'années, et rechercher les moyens le plus rapidement praticables pour les prévenir d'une manière définitive.

Elle a fait de ces matières l'objet d'une étude toute spéciale, dont elle a indiqué les résultats dans plusieurs Mémoires qu'elle a adressés au Ministère des travaux publics et à la Commission de l'Assemblée nationale chargée d'une enquête sur les Chemins de fer. Ces divers documents ont été publiés en une brochure dont plusieurs exemplaires vous ont déjà été envoyés : elle en joint à ce Rapport un nouveau, qui la dispensera d'entrer à ce sujet dans des détails minutieux et qu'elle se bornera à résumer en peu de mots.

La circulation des marchandises, sur la partie du chemin de fer Paris-Lyon-Méditerranée située sur la rive droite du Rhône, a pris un tel développement, que les voies actuelles ne peuvent plus y suffire et que toutes les gares sont devenues trop étroites pour la réception et la manutention des marchandises, la manœuvre des trains et le garage des wagons. Ce trafic, dont le mouvement principal se dirige du Sud au Nord, rencontre à Tarascon, sur l'unique voie praticable qui existe jusqu'à Lyon, l'énorme affluent de marchandises provenant ou à destination de Marseille et de toute la rive gauche. Il en résulte un encombrement presque permanent et des retards inévitables, souvent très-prolongés, dans les expéditions et les arrivages, et l'on est surpris, en raison des trains nombreux qui se croisent incessamment entre Tarascon et Lyon, non-seulement qu'il ne se produise pas des accidents plus fréquents, mais que la circulation d'une aussi grande quantité de marchandises ne soit pas rendue impossible.

Le mouvement des marchandises sur la partie Sud de ce réseau située entre la rive droite du bas Rhône et le port de Cette s'est élevé, en 1872, *à quatre millions de tonnes environ*, et celle-ci n'en est pas moins considérée par la Compagnie comme un embranchement secondaire, et subordonnée ou trafic de la rive gauche.

Afin de prévenir ces difficultés à l'avenir, la Chambre a instamment demandé le prompt établissement d'une ligne spéciale à la rive droite du Rhône, l'agrandissement de toutes les gares de cette partie du réseau et la construction d'une nouvelle voie à grande section, de Montpellier à Alais, destinée à servir de tête de ligne vers Lyon, à mettre ce riche bassin industriel en relation directe avec la mer et le port de Cette, et à affranchir les transports de cette provenance du détour qu'ils sont obligés de subir aujourd'hui, en raccourcissant le trajet d'un tiers environ du parcours actuel. Les différentes causes qui rendent cet embranchement nécessaire sont plus amplement développées dans le Mémoire imprimé qui accompagne ce Rapport.

La Chambre a renouvelé, les 18 février et 18 mars 1872, les pressantes réclamations qu'elle avait adressées les années précédentes à M. le Ministre des travaux publics, au sujet de l'insuffisance de la gare maritime du chemin de fer de Paris-Lyon-Méditerranée dans le port de Cette. La longueur des quais garnis de rails, destinés à l'embarquement et au débarquement des marchandises sans transbordement, est tellement restreinte, qu'un grand nombre de navires doivent attendre, souvent pendant un mois, le moment d'aborder à quai pour débarquer ou recevoir leur chargement. Les graves inconvénients que présente cet état de choses ont été reconnus par toutes les autorités compétentes; mais il n'a jusqu'ici été fait que bien peu de chose pour les amoindrir.

Elle a aussi sollicité, le 15 août dernier, une réduction sur le tarif auquel reste soumis actuellement le transport des raisins frais, transport d'une haute importance pour le département, puisque une seule commune en a expédié, en 1871, 1,800 tonnes, à Paris principalement. Il est à regretter que cette demande n'ait pas reçu un accueil favorable, et elle est d'autant plus disposée à la renouveler que d'autres départements plus rapprochés de Paris sont infiniment mieux traités.

Elle a très-vivement réclamé, aux mois de juin et de septembre 1872, contre l'ordre de service adopté par la même Compagnie pour la marche des trains de voyageurs sur la ligne de Lunel à Ganges, ouverte à la circulation au mois de mai 1872, et qui sacrifiait de la manière la moins déguisée les intérêts de sa circonscription.

Elle s'est également plainte, le 18 mai, de l'insuffisance des trains de voyageurs sur la ligne de Paulhan, appartenant à la Compagnie du Midi.

Ces deux demandes ont, après de longues hésitations, obtenu une solution favorable.

Enfin, elle a examiné avec la plus sérieuse attention le projet qui lui était soumis d'une ligne de chemin de fer de Calais à Marseille. Elle a pensé que la construction d'une nouvelle ligne du nord au sud de la France était rendue nécessaire par l'insuffisance, aujourd'hui bien constatée, de la seule voie praticable à de grandes masses de marchandises, qui existe actuellement entre Lyon et la Méditerranée; mais que cette ligne devait être établie sur la rive droite du Rhône, — qui est aujourd'hui privée de toute ligne directe, quoiqu'elle fournisse, ainsi que le prouvent les chiffres qui ont été déjà cités, tous les éléments nécessaires à un immense mouvement de transports, — plutôt que sur la rive gauche.

Lois économiques et fiscales

Après avoir, pendant l'année 1871, combattu de toutes ses forces le projet annoncé par le gouvernement, de la dénonciation des traités de commerce conclus en 1860 et 1861 avec l'Angleterre et la Belgique, elle s'est prononcée non moins énergiquement contre le nouveau système économique qu'il proposait de substituer à celui qui nous régissait à cette époque, et contre la loi qui soumettait à des droits de douane plus ou moins élevés les matières premières nécessaires à l'industrie. Elle a pris dans ce but, le 11 février 1872, une délibération longuement motivée, qui a été communiquée à votre Ministère, et appuyée depuis lors par elle, soit verbalement, soit par écrit, auprès des divers membres des Commissions nommées par l'Assemblée nationale pour s'occuper de ces questions.

Elle a également repoussé les projets d'impôt sur les livres de commerce et sur le chiffre des affaires, proposés à l'Assemblée nationale, qu'elle croit susceptibles, par les mesures inquisitoriales qu'exigerait leur perception, d'opposer les entraves les plus sérieuses au libre exercice du commerce et de l'industrie. Elle pensait, d'ailleurs, que leur produit serait loin d'être aussi élevé que ce que l'avaient supposé les auteurs de ces projets, et ne compenserait pas à beaucoup près les inconvénients qui devraient en résulter.

Quoique le commerce supportât déjà à cette époque la plus lourde part des nouvelles charges imposées au pays, la Chambre pensait qu'il ne reculerait pas devant de nouveaux sacrifices, mais à la condition que ceux-ci ne seraient pas, par leur forme et leur importance, de nature à lui lier les bras et à contrarier la liberté de ses opérations.

Parmi les nouveaux impôts qu'elle proposait pour remplacer celui qu'elle repoussait sur les matières premières, et dont plusieurs ont depuis lors été votés par l'Assemblée nationale, elle indiquait plus spécialement le rétablissement de l'impôt sur les sels tel qu'il existait avant 1848, qu'elle considère encore aujourd'hui comme le moins onéreux de tous ceux qui peuvent frapper le pays, parce qu'il offrirait au Trésor public des ressources considérables sans surcharger les contribuables d'une manière appréciable, ni exiger des frais de perception supérieurs à ceux que nécessite actuellement une recette trois fois moins élevée.

Vins et Alcools

Les vins des récoltes de 1871 et 1872 ayant, surtout les premiers, laissé beaucoup à désirer sous le rapport de la couleur et de la richesse alcooliques, il était devenu nécessaire, pour conserver nos débouchés ordinaires à l'extérieur, de soutenir ces vins par leur mélange à l'entrepôt, soit avec des vins étrangers réunissant les qualités qui leur manquaient, soit avec des alcools des mêmes provenances; mais, les règlements de l'Administration des douanes n'autorisant pas ce genre d'opérations, la Chambre s'est pourvue à diverses reprises auprès de

M. le Ministre des finances, afin d'obtenir la faculté de mélanger en entrepôt, dans les ports de Cette et d'Agde, les alcools français avec des vins étrangers, et ceux-ci avec des vins français. Cette autorisation a été accordée, mais seulement à l'entrepôt réel, et jusqu'à la fin du mois de septembre 1873.

La production des vins français très-alcooliques et de couleur foncée n'étant plus assez abondante pour suffire aux besoins toujours croissants des coupages pour la consommation intérieure et pour l'exportation, la Chambre a demandé que l'autorisation accordée pour les mélanges en entrepôt des vins et des alcools étrangers avec les produits français devînt permanente, au lieu d'être limitée à quelques mois. Elle a de plus sollicité, en raison des difficultés pratiques, et même des impossibilités dans certaines circonstances, que présentent les coupages des vins et des alcools à l'entrepôt réel, qu'il fût permis au commerce de consacrer à cet usage des magasins spéciaux lui appartenant, sans communication possible avec le dehors, et dont les clefs resteraient déposées entre les mains des employés de l'Administration. Elle n'a encore reçu aucune réponse décisive à cette dernière demande; quant à la première, elle a été partiellement accueillie, et une nouvelle prorogation pour trois ans a été accordée par M. le Ministre des finances.

Pendant le cours de l'année 1872, les opérations du commerce des vins, qui constituent la branche la plus importante du mouvement économique du département de l'Hérault, n'ont pas eu l'activité que l'abondance de la récolte en 1871 paraissait devoir leur assurer.

La cause principale de cette déception est dans la qualité généralement défectueuse des produits de cette récolte, ainsi que l'opinion, peut-être exagérée, qui s'était répandue au dehors touchant cette défectuosité.

Le commerce de seconde main, dans l'intérieur de la France, n'a demandé les vins de l'Hérault qu'avec répugnance et dans la limite la plus inférieure de ses besoins prévus, afin de ne pas s'exposer à des pertes par suite de mauvaise conservation, ou à des excédants en vins de qualité inférieure, au moment de l'apparition des produits de la récolte suivante.

A cette cause dominante de détente de l'activité commerciale est venue se joindre celle de la crise des transports, du renchérissement constant et souvent excessif des frais de camionnage, et de l'irrégularité des délais de livraison des marchandises confiées à nos voies ferrées, qui ont déjà été indiquées dans la première partie de ce Rapport.

Dans ces circonstances, le département de l'Hérault, qui, grâce aux perfectionnements apportés au mode de culture et aux procédés de vinification, avait, depuis une assez longue série d'années, réussi à faire passer dans la catégorie des vins à consommation directe la majeure partie de ceux qui n'avaient jadis de valeur que pour la distillation, à dû remettre en activité ses appareils distillatoires, afin de faire disparaître des excédants considérables, qui n'auraient pas permis de loger la récolte nouvelle.

Ainsi, tandis qu'en 1869 les produits de la distillation des vins ne s'étaient élevés en chiffres ronds, dans le département de l'Hérault, qu'à 49,000 hectolitres d'alcool pour les bouilleurs de profession et à 1,800 hectol. pour les bouilleurs de cru, — et qu'en 1870 et 1871, en présence des événements désastreux que nous avons traversés, ils avaient atteint :

En 1870 { pour les bouilleurs de profession. 87,000 } 90,500 hect.
{ pour les bouilleurs de cru...... 3,500 }

En 1871 { pour les bouilleurs de profession. 185,000 } 234,000 hect.
{ pour les bouilleurs de cru...... 49,000 }

ils se sont élevés, en 1872, en pleine période de paix :

Pour les bouilleurs de profession, à... 127,000 } 303,000 hect.
Pour les bouilleurs de cru........ 176,000 }

Ces transformations n'ont pu se produire sans un préjudice considérable pour le commerce des vins, qui s'est trouvé privé d'une notable partie de son aliment ordinaire, et pour l'agriculture, qui n'a pu vendre cette partie de ses produits qu'à des prix très-avilis.

L'abondante récolte de 1872, qui a fourni des qualités de vins généralement bonnes, quoique manquant de couleur, répare partiellement les dommages subis pendant la campagne 1871-72 par le commerce et l'agriculture du département de l'Hérault.— Les vins nouveaux ont été recherchés dès leur apparition et payés à des prix largement rémunérateurs.

2

La crise des transports a, grâce aux mesures énergiques prises par les Compagnies des chemins de fer, perdu de son intensité, et il est permis d'espérer que les opérations du commerce cesseront d'être entravées pendant la campagne prochaine par le renchérissement du camionnage, et celui du roulage local qui en est la conséquence.

Malgré ces circonstances défavorables, on peut mesurer l'importance du commerce des vins et des alcools dans le département de l'Hérault, par les quantités dont l'expédition a pu être constatée ou appréciée avec quelque certitude.

Le chemin de fer de Paris-Lyon-Méditerranée a enlevé, en 1872, dans ses gares du département situées entre Cette, Lunel et Marsillargues, une quantité de 689,188 tonnes de vins et d'alcools, qui, — déduction faite des doubles emplois et des quantités fournies par les départements de l'Aude et des Pyrénées Orientales, — représentent pour l'Hérault seul un mouvement total, dans la direction de l'est et du nord de la France,

de 4,500,000 hectolitres environ.

Le chemin de fer et les canaux du Midi ont chargé dans les gares de l'Hérault, et pour les expéditions dans l'Ouest, une quantité de vins et d'alcools que nous évaluons, à défaut de renseignements précis, à

600,000 hectolitres environ.

552,000 hectolitres de vin et

33,000 hectolit. d'alcool et d'eau-de-vie ont été exportés pour l'étranger;

550,000 hectolitres ont été expédiés par le grand et le petit cabotage,

380,000 hectolitres par les canaux des Étangs et de Beaucaire.

Si l'on ajoute à ces quantités celles pour lesquelles il a été employé des moyens de transport impossibles à contrôler, l'on arrive, pour 1872, à une somme totale d'expéditions provenant du département de l'Hérault d'environ 7 millions d'hectolitres, d'une valeur de plus de 180 millions de francs. La consommation locale ayant absorbé près de 1 million d'hectolitres, la quantité des vins convertis en alcool ne doit pas avoir dépassé en chiffres ronds 3 à 4 millions d'hectolitres, qui formaient le solde de la récolte de 1871.

Il est certain que le mouvement des transactions pour les vins, en 1873, dépassera de beaucoup en quantité et en valeur les résultats de 1872. La récolte de cette dernière année s'est élevée, dans le département de l'Hérault, de 14 à 15 millions d'hectolitres, tous de bonne qualité, et dont il n'a été livré à la distillation qu'une quantité inappréciable. D'un autre côté, les transports des vins par les chemins de fer se sont accrus, pendant les huit premiers mois de 1873, de plus de moitié comparativement aux mêmes mois de 1872, et leurs prix se sont progressivement élevés jusqu'au delà du double de ceux de l'année dernière.

Douelles ou Bois merrains

Le port de Cette tend à devenir le port principal d'importation et d'entrepôt pour les bois merrains dans la Méditerranée, et cette situation tend à s'accuser chaque année davantage. C'est ainsi que, tandis que les importations de douelles, à Cette s'étaient élevées, — en 1870, à 10,905,000 pièces, — et en 1871 à 13,440,000, — elles ont atteint, en 1872, le nombre de 19,959,000, d'une valeur d'environ 15 millions de francs, la plupart de provenance autrichienne. Cet accroissement de trafic n'est pas motivé seulement par les besoins locaux que développe, dans l'Hérault, l'abondance de la production des vins ; il l'est surtout par l'heureuse situation du port de Cette, placé dans le voisinage immédiat de toute la région viticole du Midi.

La Chambre n'a eu à s'occuper des bois merrains que pour réclamer contre les droits de douane très-élevés que proposait, à l'entrée en France des bois étrangers, la première loi sur les matières premières, présentée en 1871 par le Gouvernement à l'Assemblée nationale, droits qui n'auraient pu, d'ailleurs, être perçus jusqu'à l'expiration de notre traité de commerce avec l'Autriche.

Manufactures de draps

Le département de l'Hérault possède, dans les arrondissements de Lodève, de Béziers et de Saint-Pons, environ cent établissements consacrés à la fabrication des draps, occupant plus de 10,000 ouvriers, et dont la production moyenne s'élève de 15 à 16 millions de francs. Les plus importantes de ces usines fabriquent pour l'État une grande partie des draps nécessaires à l'habillement des armées de terre et de mer. Outillées pour produire des quantités presque doubles de celles dont le maximum est fixé par les cahiers des charges, celles-ci, après avoir développé, en 1870 et 1871, une prodigieuse activité, ont été réduites, en 1872, à un travail restreint, qui a exigé la mise en chômage d'une partie de leurs machines. Leurs livraisons aux magasins de l'État, qui s'étaient élevées, — en 1871, de 15 à 1,600,000 mètres de draps, d'une valeur de 14 millions environ, — n'ont plus été, en 1872, que de 650,000 mètres environ, valant en chiffres ronds 6 millions de francs. — Leurs marchés avec le ministère de la guerre, qui expiraient au 31 décembre 1873, ont été récemment, sur la demande des intéressés fortement appuyée par la Chambre, prorogés pour plusieurs années.

Les autres manufactures du département fabriquent des draps pour la consommation intérieure, quelques-unes pour l'exportation dans le bassin de la Méditerranée, principalement dans la Turquie d'Asie et les États Barbaresques.

La fabrication des draps pour le Levant, favorisée par les priviléges que les capitulations avec la Turquie assuraient au commerce français, avait pris aux XVIIe et XVIIIe siècle une très-large extension. Une grande partie des manufactures du département se livrait à cette industrie, dont les guerres de la Révolution et de l'Empire vinrent, pendant plus de vingt années, interrompre le cours d'une manière absolue. Au retour de la paix, en 1815, les draps français trouvèrent la place occupée par les Anglais et les Autrichiens, auxquels sont venus se joindre depuis lors les Belges, les Suisses et les Allemands, et purent cependant, au moyen des drawbacks largement rémunérateurs qui leur étaient payés en échange des droits de douane imposés en France sur les laines brutes, conserver des débouchés assez importants. Mais les primes à l'exportation ayant été supprimées en 1860, en même temps que les droits d'entrée sur les laines, cette industrie n'a depuis lors qu'une faible importance et tend à décroître chaque jour, malgré l'énergie avec laquelle quelques fabricants luttent encore contre ces circonstances défavorables. — La Chambre estime que la somme des exportations de draps ne dépasse pas 3 à 400,000 fr. dans tout le département.

Quant à la fabrication des draps pour la consommation intérieure, elle est, depuis plusieurs années, en voie de transformation dans le département de l'Hérault et se ressent assez sérieusement de cette situation transitoire. Elle produisait des draps unis, légers, à bas prix, assez généralement teints en pièces, qui s'adressaient surtout à la consommation des classes peu aisées. La mode, qui a substitué à l'usage de ces genres de draps des étoffes en laine façonnées, de dessins et de couleurs variés, connues dans le commerce sous le nom de nouveautés, a mis les manufacturiers dans la nécessité de chercher une nouvelle voie, qui a rencontré de sérieuses difficultés dans les habitudes et les connaissances spéciales, soit des fabricants, soit des ouvriers. Quoique plusieurs des premiers n'aient pas reculé devant de très-grands sacrifices pour modifier leur outillage et se procurer des ouvriers habiles dans ce nouveau genre de produits, cette industrie n'est pas encore parvenue à son entier développement, et, la cherté des laines aidant, la production a à peine atteint en 1872, dans l'Hérault, la somme de 3,500,000 fr.

La fabrication des couvertures en laine, qui avait, jusqu'en 1848, conservé dans l'Hérault une assez grande importance, par suite des débouchés que cette industrie sut se créer à l'étranger, et principalement en Amérique, a depuis cette époque constamment décliné, sous l'influence surtout des droits de douane de plus en plus élevés que les Etats-Unis d'Amérique ont imposés à ce genre de tissu. Elle est réduite aujourd'hui à une production d'une valeur de 4 à 500,000 fr., principalement destinée au service des hôpitaux et à ceux de la guerre et de la marine.

Nous devons ajouter, en ce qui regarde toutes les industries textiles, que leur mouvement d'expansion se trouve très-gravement entravé dans le département, par l'accroissement du prix de la main-d'œuvre, produit par le besoin constant de bras qu'exige la culture de la vigne.

Soies

Il existe dans le département de l'Hérault trente-deux ateliers de filature de soie, contenant ensemble 2,050 bassines, sur lesquelles 1,300 seulement ont été occupées en 1872 et ont produit environ 39,000 kilogr. de soie grége, d'une valeur approximative de 4,500,000 fr. Ces 39,000 kilogr. proviennent : 15,000 kilogr. environ, de cocons achetés dans le pays, et 24,000, de ceux qui ont été importés des départements voisins ou des pays étrangers.

Les prix de vente ayant été très-peu rémunérateurs, plusieurs établissements sont restés en complet chômage ou ont interrompu leurs opérations après quelques mois de travail.

A côté de cette industrie vient se placer celle de l'ouvraison des soies, destinée à leur faire subir les opérations de doublage, de tordage et de dévidage, qui doivent précéder la mise en teinture et l'appropriation aux usages industriels. Le département possède six établissements de cette nature, qui opèrent, année commune, sur 24 à 25,000 kilogr. de soie, mais qui en 1872, et pour les motifs que nous avons déjà indiqués, n'ont pas ouvré au delà de 17 à 18,000 kilogr.

Ces deux industries emploient moyennement 2,000 à 2,300 ouvriers, parmi lesquels on ne compte qu'une très-petite quantité d'hommes.

La ville de Ganges possède aussi une industrie spéciale, qui a subi de grandes fluctuations par suite des révolutions de la mode, mais qui, quoique déchue, a cependant conservé une importance relative dans cette ville, où elle est en quelque sorte monopolisée : nous voulons parler de la fabrication des bas de soie, qui occupe 300 à 350 ouvriers, met en œuvre 1500 kilogr. environ de soies grèges et fournit un chiffre d'affaires d'environ 500,000 fr. Sa situation a été assez prospère en 1872, puisque les bras ont manqué pour satisfaire aux demandes et que le prix de la main-d'œuvre a dû être élevé d'environ 25 %.

Il a encore été créé depuis plusieurs années, dans la même partie du département et dans une ville voisine, plusieurs ateliers pour la filature des bourres de soie, auxquels un outillage perfectionné permet de fournir des fils d'une solidité, d'une finesse et d'une régularité encore inconnues pour ce genre de produits, et qui trouvent un emploi considérable dans la fabrique de Lyon. Cette industrie, dont l'absence de documents spéciaux ne nous permet pas de déterminer l'importance par des chiffres particuliers, en a cependant une très-réelle et est en progrès sensible : elle a joui d'une très-grande activité pendant l'année 1872.

La Chambre n'a eu aucune occasion d'intervenir, dans le courant de cette année, en faveur de l'industrie des soies, dont la situation relativement peu prospère doit être attribuée à des causes générales sur lesquelles elle ne pouvait exercer aucune influence, mais plus spécialement à l'état d'incertitude qui régnait alors sur le régime auquel serait soumis à l'avenir notre système de douanes.

Tannerie. — Cuirs et Peaux

La tannerie et la mégisserie occupent une place importante parmi les industries du département de l'Hérault. Il y existe environ cent ateliers, qui préparent des peaux de veau cirées, dont une partie est exportée en Italie et aux Etats-Unis; de gros cuirs pour semelle et des peaux de vache molle, et surtout des peaux de mouton roux, qui, avec la laine provenant des abats, atteignent une valeur considérable. — Cette industrie emploie 8 à 900 ouvriers, et le chiffre de sa production s'élève, année moyenne, de 9 à 10 millions. — Pendant la durée de la guerre, les besoins illimités de cuirs nécessaires à la chaussure et à l'équipement des armées lui avaient imprimé une activité extraordinaire, qui n'a pu se maintenir en 1872, malgré les vides qu'une longue interruption des relations ordinaires avait faits dans les approvisionnements du pays.

Crèmes de tartre, Verdets et Produits chimiques

Au premier rang des matières accessoires qui procèdent de la production des vins, l'on peut placer les crèmes de tartre, dont la fabrication a pris un assez grand développement dans le département de l'Hérault, qui en est devenu le centre le plus important. — Les quantités produites peuvent être estimées à 1 million de kilogr. au moins, d'une valeur de 2 millions 500,000 fr. environ.

La crème de tartre est vendue dans toute l'Europe, pour divers usages industriels; mais les plus grandes quantités sont exportées dans l'Amérique du Nord, où ce produit est employé pour la panification.

Cette industrie est cependant soumise, depuis quelques années, à une crise des plus sérieuses, qui a commencé à faire sentir ses effets en 1872. Les Etats-Unis d'Amérique, qui sont les principaux consommateurs de la crème de tartre, ont tenu à la produire chez eux, et, dans ce but, ils ont soumis à des droits très-élevés le produit fabriqué, en affranchissant d'une manière à peu près absolue les matières premières, c'est-à-dire les tartres bruts. De là sont résultés une réduction dans l'exportation de la crème de tartre et un renchérissement très-sensible des tartres bruts, que les Américains recherchent, non-seulement en Espagne et en Italie, où nos fabricants avaient l'habitude de se pourvoir, mais même en France, qui fournissait leur principal approvisionnement.

La Chambre s'est pourvue auprès de M. le Ministre des affaires étrangères, afin que des négociations diplomatiques fussent engagées pour chercher à obtenir des Etats-Unis une modification à ce régime, aussi mauvais pour les intérêts américains que pour les intérêts français ; mais ces réclamations n'ont encore abouti à aucun résultat utile.

Par suite de ces difficultés, plusieurs usines s'étaient outillées pour produire, surtout, des cristaux de tartre, qui ne diffèrent guère de la crème que par la couleur du cristal obtenu et une certaine quantité de matières impures qu'ils retiennent encore, et qui avaient été pendant quelque temps admis aux Etats-Unis au tarif des tartres bruts.

Mais cette situation a été complètement modifiée depuis quelques mois, par suite de la prétention soulevée par la douane américaine, de soumettre les cristaux de tartre raffinés aux mêmes droits que la crème de tartre. Des entraves sérieuses et très-préjudiciables aux intérêts des expéditeurs ont été la conséquence de cette mesure, et nos fabricants ont dû renoncer à la production des tartres raffinés pour reprendre la fabrication des crèmes de tartre.

Pendant longtemps, les résidus de la fabrication de la crème et des cristaux de tartre étaient restés sans emploi et rejetés comme une matière inerte. Aujourd'hui il existe dans le département deux ou trois fabriques d'acide tartrique, qui utilisent ces résidus, en extrayant le tartrate de chaux qu'ils contiennent. — Leur production totale peut s'élever à 60 ou 70,000 kilogr., d'une valeur annuelle de près de 300,000 fr.

Le marc de raisin est, dans le département, la seule source d'acide acétique nécessaire à la fabrication du verdet ou vert-de-gris : on le met pour cela en contact avec des plaques de cuivre, sur lesquelles le vert-de-gris se dépose. Cette industrie, autrefois exploitée par des particuliers presque comme une occupation domestique, est aujourd'hui concentrée dans de véritables fabriques, établies à Gignac, Montpeyroux et Montpellier, et produit 3 à 400,000 kilogr. de verdet marchand, représentant une valeur de 7 à 800,000 fr.

Les fabriques de produits chimiques, proprement dites, sont très-peu nombreuses dans le département de l'Hérault. On n'y compte qu'une seule fabrique d'acide sulfurique établie à Montpellier, et dont la production s'élève à 1,500,000 kilogr. environ d'acide; — une manufacture d'engrais chimiques à Lodève — et une d'éther sulfurique à Poussan.

Il avait été créé, il y a une quinzaine d'années, lorsque l'oïdium fit sa première invasion dans le Midi, quelques usines pour la production du soufre sublimé destiné au soufrage des vignes; mais, depuis quelques années, le soufre brut trituré et bluté ayant été reconnu aussi efficace contre l'oïdium, la trituration dans nos moulins des soufres bruts importés de Sicile a remplacé à peu près entièrement l'opération chimique de la sublimation.

Les importations des soufres bruts de Sicile, soit pour la trituration, soit pour la production de l'acide sulfurique, sont, par suite de ces diverses circonstances, devenues l'objet d'un commerce important.— Elles se sont élevées en 1872, dans le port de Cette, à 27,793,730 kilogr., d'une valeur de plus de 4 millions.

Ces diverses industries ont conservé, pendant l'année 1872, un mouvement régulier d'affaires, et ont généralement offert à ceux qui les exercent des résultats satisfaisants.

Manufacture de Bougies et de Savons

L'usage devenu populaire des huiles de schiste et de pétrole, et les prix réduits que des perfectionnements continus dans le mode de fabrication ont permis d'établir pour la vente des bougies stéariques, ont réduit à de très-faibles proportions la consommation des chandelles, dont la production, il n'y a encore que quelques années, avait conservé une assez grande importance, et nous n'en parlons ici que pour mémoire.

Le département de l'Hérault ne possède qu'une seule usine pour la fabrication des bougies stéariques : celle de Villodève, près Montpellier, appartenant à la maison Faulquier cadet et Cie; mais, par l'importance de sa production, la perfection de son outillage et ses larges installations, elle est certainement un des établissements les plus considérables consacrés en France à ce genre d'industrie.

3

Elle occupe 300 ouvriers et met en œuvre 3,500,000 kilos de suif, dont la majeure partie est directement importée des deux Amériques et de Russie, et 80,000 kilos de cire provenant du midi de la France, de l'Algérie et de la côte occidentale d'Afrique.

Le travail de cette usine embrasse à la fois la fonte des suifs en branche, — la fabrication des acides stéarique et oléique et des bougies stéariques, — celle de la glycérine et des savons à base de sels de soude et de potasse,— la blanchisserie des cires d'abeille — et la fabrication des cierges.

Le chiffre de ses affaires, qui s'est élevé, dans certaines années, jusqu'à 7 millions de francs, n'a pas dépassé 5 millions en 1872.

Elle écoule la moitié environ de ses produits à l'étranger, principalement dans le bassin de la Méditerranée, et l'autre moitié est vendue dans le midi de la France. C'est une industrie qui prospère.

Chocolats

La fabrication des chocolats a été de tout temps assez considérable dans le département de l'Hérault, par suite de la consommation populaire de ce comestible dans le Midi. Mais l'application de la mécanique à cette industrie est venue lui donner un nouveau degré d'importance, par suite de l'économie qu'elle a amenée dans le prix de la main-d'œuvre et des facilités qui en sont résultées pour étendre ses relations au dehors. La seule ville de Montpellier produit annuellement des chocolats pour une valeur de 15 à 1,600,000 fr., et le reste du département pour quelques centaines de mille francs en sus.

Une partie de ces produits est exportée, mais avec de très-grandes difficultés pour les fabricants, le port de Cette n'étant pas compris au nombre de ceux dans lesquels l'importation temporaire des cacaos, à charge de réexportation des chocolats, est autorisée. Les fabricants sont dès lors obligés de faire à Marseille, au prix de beaucoup de frais et de temps perdu, les opérations qui leur seraient très-faciles dans le port de Cette.

La Chambre a très-vivement réclamé auprès de M. le Ministre des finances, pour obtenir que le port de Cette pût être assimilé pour cela à celui de Marseille ; mais cette demande a été rejetée pour le motif que, d'après les relevés de l'Administration des Douanes, les entrées de cacaos et les sorties de chocolats par le port de Cette avaient trop peu d'importance pour motiver une pareille mesure.

Il n'est pas inutile de faire observer que, dès l'instant où l'admission temporaire des cacaos, à charge de réexportation des produits fabriqués, est interdite dans le port de Cette et doit nécessairement avoir lieu ailleurs, il serait bien difficile qu'on ait pu signaler aucune opération de ce genre dans ce dernier port. L'on peut d'ailleurs ajouter que, si la mesure sollicitée par la Chambre était approuvée par l'Administration, les facilités qu'elle offrirait à cette industrie, dont le siège est sur les rives de la Méditerranée, donneraient à l'exportation de ces marchandises un élan qui lui manque presque entièrement aujourd'hui, par suite des conditions impossibles dans lesquelles elle se trouve placée.

Sels

Il existe dans le département de l'Hérault sept salines produisant, année moyenne, 40 à 45,000 tonnes de sel.

En 1872, la récolte, contrariée par les pluies persistantes du printemps et de l'été, a été des plus mauvaises et n'a pas dépassé 30,000 tonnes environ.

D'un autre côté, l'exportation de ce produit pour l'étranger, dont la moyenne avait été pour les six années précédentes de 22,200 tonnes, s'est élevée en 1872 à 56,000 tonnes, dont la moitié a été expédiée dans l'Allemagne du Nord. On attribue ce surcroît de consommation à l'ouverture du chemin de fer de Dantzick, qui a permis de desservir des contrées que nos sels n'avaient pas alimentées jusqu'à présent.

Afin de pourvoir à cet excédant d'exportation, ainsi qu'aux besoins de la consommation intérieure, qui s'élèvent chaque année à 16,000 tonnes pour la part réservée au département de l'Hérault, on a dû épuiser tous les excédants provenant des récoltes antérieures, et emprunter 10,000 tonnes aux salines du département du Gard.

Nos saliniers sont très-préoccupés par une proposition présentée à l'Assemblée nationale par quelques-uns de ses membres, à l'effet d'imposer aux sels du midi et de l'est de la France un droit de consommation supplémentaire de 1 fr. à

1 fr. 20 par 100 kilos, dont seraient affranchis ceux qui sont produits par les départements de l'Ouest. La Chambre a récemment adressé à M. le Président de la Commission de l'Assemblée nationale chargée de l'examen de cette proposition une demande fortement motivée, afin de solliciter le rejet de cette étrange mesure, qui, outre qu'elle serait contraire à tous les principes de notre système financier, et notamment à celui de l'égalité de tous devant l'impôt, ne serait autre chose qu'une prime d'encouragement accordée à la mauvaise fabrication. Ses réclamations à ce sujet seront renouvelées jusqu'à ce qu'il ait été fait justice de ce déplorable projet.

Industrie minière

Quoique moins riche en mines de houille que ses voisins du Gard et de l'Aveyron, le département de l'Hérault possède cependant dans le nord de l'arrondissement de Béziers un bassin houiller d'une grande valeur.

Mais, sur quatre concessions accordées à différentes Compagnies, deux — celles de Latour et des mines de Roujan — sont ou abandonnées, ou réduites à une production insignifiante.

Les deux autres, au contraire, — celles de Saint-Geniès-de-Varensal et Rosis, et des Quatre Mines réunies de Graissessac, — la dernière surtout, sont très-activement exploitées.

La concession de Graissessac, qui comprend les quatre mines du Bousquet-d'Orb, de Boussagues, de Saint-Gervais et du Devois de Graissessac, est desservie par un chemin de fer spécial, qui la met en communication directe avec la mer et les réseaux du Midi et de Paris-Lyon-Méditerranée. Elle va l'être, avant peu, avec l'Aveyron et le centre de la France, par la mise en exploitation de la ligne de Montpellier à Rodez.

Ces mines fournissent des houilles grasses d'une excellente qualité, et dont quelques-unes peuvent rivaliser avec les meilleurs charbons anglais.

Le tableau suivant permettra d'apprécier l'importance de l'extraction et celle de leur consommation pendant les quatre dernières années.

PRODUCTIONS				VENTES			
1869	1870.	1871	1872	1869	1870	1871	1872
	tonnes				tonnes		
202,414.	203,903.	189,199.	230,258.	177,122.	171,429.	159,898.	198,495.

En ne tenant aucun compte des années 1870 et 1871, pendant lesquelles l'industrie a été entravée par des circonstances exceptionnelles, l'on trouve, de 1869 à 1872, un accroissement réel de 28,000 tonnes environ pour l'extraction et de 21,000 tonnes pour les ventes. Quant à la différence qui se produit chaque année entre le chiffre de l'extraction et celui de la vente, elle est représentée par le déchet au triage, les résidus du lavage des menus, la réduction du coke et la consommation aux chaudières à vapeur de la Compagnie. Il faut y ajouter encore les quantités de charbon qu'elle fournit gratuitement pour le chauffage de ses ouvriers et de ses employés, ainsi que pour les écoles, les ministres des cultes et les autres services publics situés dans le périmètre de ses concessions.

Elle possède à Graissessac des ateliers de fabrication pour le coke et les agglomérés de houilles, après le lavage des charbons menus, et emploie année moyenne 12 à 1,300 ouvriers.

Le marché naturel du bassin de Graissessac est étroitement limité, à l'est, par Montpellier et Cette, où ses charbons rencontrent la concurrence de ceux du Gard; à l'ouest, sa limite est plus incertaine : elle dépend des tarifs dont jouissent les houilles de l'Aveyron et du Tarn, et de l'abondance plus ou moins grande des charbons anglais dans les ports de Bordeaux et de Bayonne.

Le marché presque exclusif de ce bassin ne comprend donc que la partie Ouest du département de l'Hérault, la partie Est de celui de l'Aude et le département des Pyrénées-Orientales. Au delà de ce périmètre, les marchés de quelque importance se trouvent dans la Haute-Garonne et l'Ariége, et, en temps de pénurie des charbons anglais, jusque dans les Landes et la Gironde.

Voici d'ailleurs, en nombres ronds, comment a été répartie la consommation des houilles de cette Compagnie en 1872 :

1° Chemin de fer du Midi (locomotives)......... 63,000 tonnes.
2° Navigation française (port de Cette).......... 19,000
3° Distilleries........................ 10,000
4° Briqueteries et tuileries................... 36,000
5° Fours à chaux........................... 12,000
6° Verreries du Bousquet.................... 7,000
7° Usine à zinc du Bousquet........... 1,000
8° Métallurgie du fer (Ariége et Haute-Garonne).. 5,000
9° Manufactures de draps 11,000
10° Autres manufactures (bougies, produits chimiques,
    chocolats, etc.)........................ 12,000
11° Clouteries, maréchaux et forgerons.......... 7,000
12° Exportation pour l'étranger par le port de Cette. 9,000
13° Chauffage domestique.... 6,495

Total............... 198,495 tonnes.

La même Compagnie exploite aussi au Bousquet-d'Orb des verreries importantes, qui produisent surtout des verres à bouteille très-estimés.

Les concessions houillères de Saint-Geniès-de-Varensal, Rosis et Castanet-le-Haut — aujourd'hui réunies sous le titre de Mines du bassin ouest de Graissessac — ont moins d'importance que celles des Quatre Mines réunies de Graissessac. Elles ne produisent que des houilles anthraciteuses très-pures.

Ces charbons, très-riches en carbone, brûlent sans odeur ni fumée, et développent par rayonnement, à la façon du coke, une chaleur très-considérable; aussi sont-ils très-recherchés, les gros pour le chauffage domestique, et les menus pour les usages de la chaufournerie.

Deux couches, sur sept, sont seules exploitées dans ces concessions; mais les travaux y sont assez développés pour permettre, sans aucune difficulté, une extraction de 30,000 tonnes par an.

Mais le centre d'exploitation de ces couches, situées dans une contrée montagneuse, est éloignée de 17 kilomètres de la station de chemin de fer la plus voisine, et le transport ne peut se faire que par charrettes.

Ce mode de transport, outre qu'il est très-coûteux (4 fr. par tonne), est quelquefois interrompu, pendant l'hiver, par le mauvais état des routes, la neige et la gelée. Depuis le mois d'avril 1873, afin de remédier à cet état de choses, une partie des transports s'effectue par traction mécanique, au moyen d'une locomotive routière.

La Compagnie des mines du bassin ouest de Graissessac a vendu, en 1872, 12,000 tonnes de charbon dans les départements de l'Hérault, du Tarn, de l'Aveyron, de l'Aude, des Pyrénées-Orientales et jusque sur les côtes d'Italie. — Le chiffre des ventes des huit premiers mois de 1873 dépasse celui de la même période de 1872, et le nombre des ouvriers employés, qui était de soixante en 1872, s'élève aujourd'hui à quatre-vingts.

Cette Compagnie demande instamment la prompte déclaration d'utilité publique pour le chemin de fer d'intérêt local de Rabieux à Castanet-le-Haut, récemment concédé par le Conseil général de l'Hérault, qui desservirait ses concessions et modifierait radicalement toutes leurs conditions d'existence. — Elle se plaint aussi de la rareté de la main-d'œuvre, et réclame, dans l'intérêt de l'industrie minière, des modifications à la loi du recrutement applicables seulement aux ouvriers mineurs, et qui, tout en les rendant constamment disponibles pour la réserve, leur permettraient de consacrer un plus grand nombre d'années de leur jeunesse à leurs occupations professionnelles. Mais cette question est trop délicate et entourée de trop grandes difficultés pour qu'il soit permis à la Chambre d'émettre une opinion quelconque en ce qui la concerne.

Des gisements de calamine ont été récemment découverts aux environs du Bousquet-d'Orb, et commencent à être exploités par la Compagnie qui en est devenue concessionnaire. Une usine à zinc, qui donne déjà quelques résultats, y a été établie, et, d'après les indications fournies par l'abondance des minerais, elle ne tardera pas à acquérir de l'importance.

Plusieurs autres mines de cuivre, de fer, etc., ont été concédées dans la même partie du département; mais les unes sont inexploitées et les autres ne donnent jusqu'ici que des produits insignifiants.

Il existe encore dans le département un grand nombre d'autres industries, telles que des fabriques de chapeaux de feutre, — de machines et d'instruments pour l'agriculture et l'industrie, — des ateliers pour la préparation et le lavage des laines et le déflochage des chiffons, — des teintureries, — des briqueteries, etc., — qui, réunies, donnent lieu à une somme d'affaires très-considérable, mais qui, prises individuellement, n'offrent pas assez d'importance pour qu'il en soit fait une mention spéciale dans ce Rapport. Elles se sont maintenues, en 1872, dans une situation satisfaisante.

Situation financière

Le département de l'Hérault a supporté, avec une très-grande fermeté, la crise que les événements de 1870-71 ont fait subir au commerce et à l'industrie. Le nombre des faillites et des liquidations judiciaires n'a pas alors dépassé la moyenne ordinaire, et elles n'ont généralement atteint que des maisons dont la situation était déjà très-compromise avant cette désastreuse époque. Les pertes éprouvées par le commerce dans ces tristes circonstances ont certainement été très-importantes; mais, grâce à la solidité du marché, elles n'ont pas entraîné après elles des conséquences aussi mauvaises que ce que l'on aurait pu le redouter.

En dehors des autres éléments d'appréciation, la somme des effets de commerce pour lesquels les tirés ont dû profiter des délais de prorogation successivement accordés par différents décrets du Gouvernement de la défense nationale peut fournir à cet égard des renseignements concluants.

Il est impossible de calculer la quantité de celles de ces valeurs qui pouvaient rester en souffrance dans les portefeuilles particuliers; mais on peut en apprécier l'importance d'après le nombre et la valeur de celles qui se sont accumulées, pendant ce long intervalle, dans le portefeuille de la succursale de la Banque de France à Montpellier. Le nombre des effets prorogés, entrés durant ces huit mois dans les mains de cet établissement, a été de 3,128, représentant une somme de 2,991,831 fr. 50 c., — sur lesquels 25 seulement, d'une valeur de 38,260 fr. 15 c., provenaient des escomptes de la succursale.

Cette somme est relativement peu considérable, eu égard à l'importance des opérations engagées au moment de la déclaration de guerre, et la totalité en a été intégralement payée aux termes légaux, en capital et intérêts, sans que la Banque ait eu à supporter aucune perte de ce côté.

En 1872, la situation s'est encore grandement améliorée. Le nombre des faillites et des suspensions de payements a été à peu près insignifiant, et celles-ci n'ont, comme l'année précédente, frappé que des industries très-secondaires et sans aucune importance pour le commerce général du pays. Malgré la rareté de la monnaie divisionnaire, qui a motivé plusieurs fois les réclamations de la Chambre, les payements se sont effectués régulièrement et sans trop de difficulté. Les escomptes de la succursale de Montpellier, — qui n'avaient été en 1871 que de 49,077,630 fr., — se sont élevés en 1872 à 85,232,164 fr., sur lesquels un cinquième environ seulement en papier sur place, à des échéances généralement très-rapprochées.

En 1873, le progrès a été encore plus marqué, puisque les escomptes de la succursale pendant le premier semestre se sont élevés à 53,115,948 fr. 24 cent., et que le second s'annonce comme devant donner des résultats presque aussi importants.

La Chambre ne croit pas devoir vous entretenir du mouvement de la navigation, de l'importation et de l'exportation, dans les ports du littoral, ceux-ci n'appartenant plus aujourd'hui à sa circonscription. Il y a cependant une telle solidarité d'intérêts entre toutes les branches du commerce départemental, qu'il lui est impossible de ne pas leur apporter sa plus sérieuse attention, et d'en constater les progrès, chaque année plus accentués, avec une profonde et vive sympathie.

Veuillez recevoir, Monsieur le Ministre, l'assurance de notre plus profond respect.

Le Président de la Chambre de commerce,
Henri PAGÉZY.

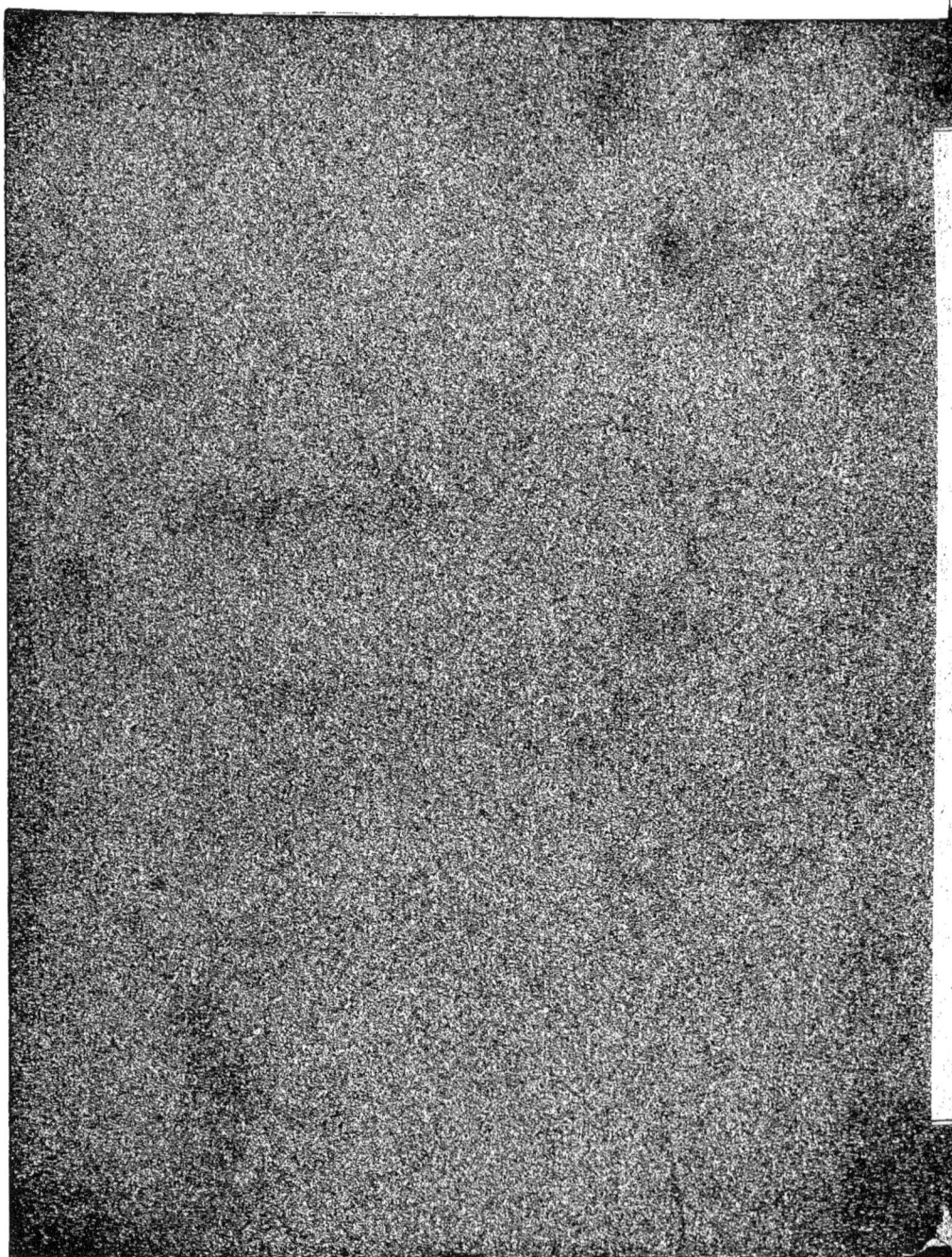

www.ingramcontent.com/pod-product-compliance
Lightning Source LLC
Chambersburg PA
CBHW060510210326
41520CB00015B/4179